Dromedary

Hippopotamus

PLATE 1

Hippopotamus

PLATE 1

Polar bear

Raccoon

Test pattern

Pronghorn

PLATE 2

Tiger

Indian elephant

Black rhinoceros

PLATE 3

Tiger

Indian elephant

Black rhinoceros

PLATE 8.

Greater kudu

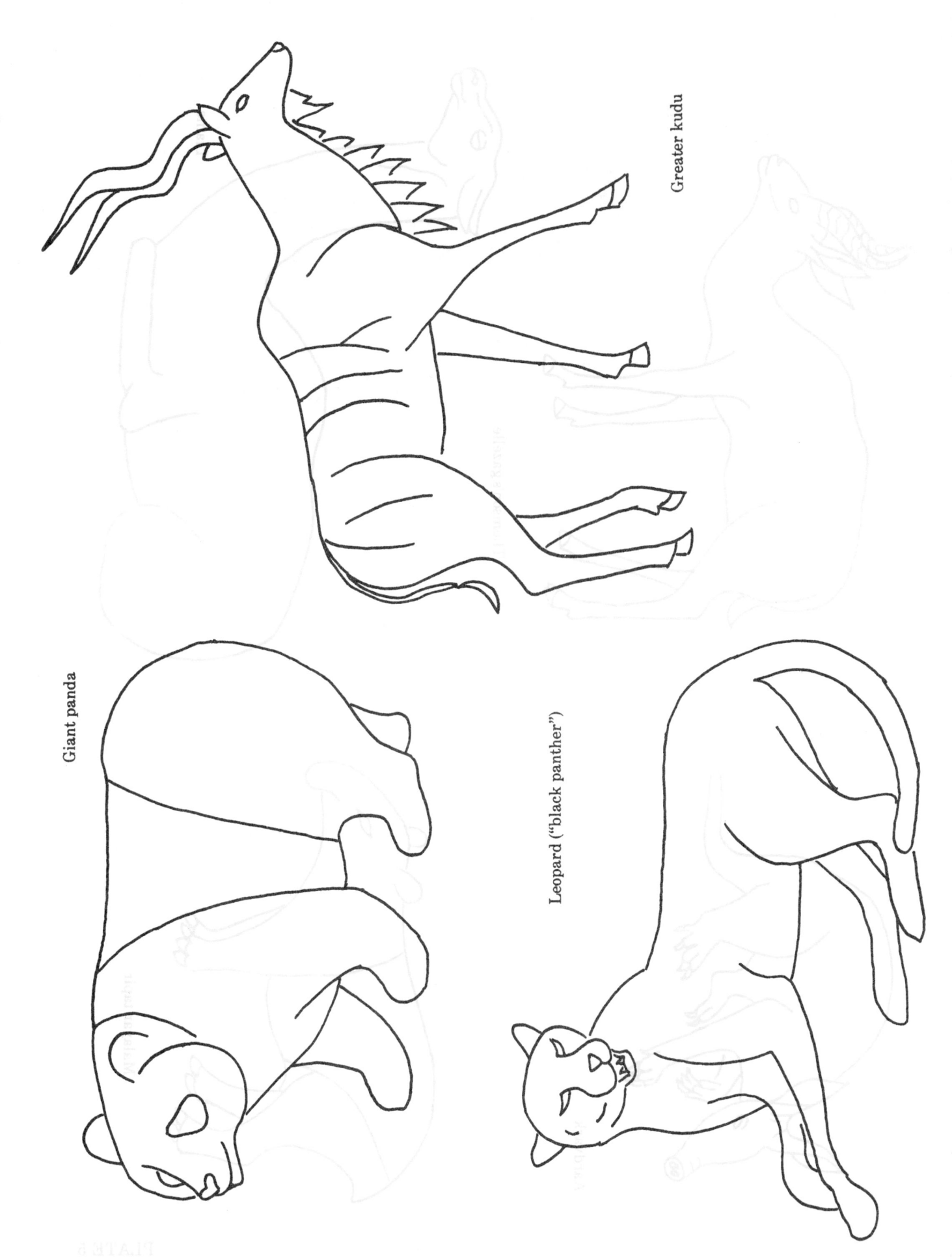

Giant panda

Leopard ("black panther")

PLATE 4

Thomson's gazelle

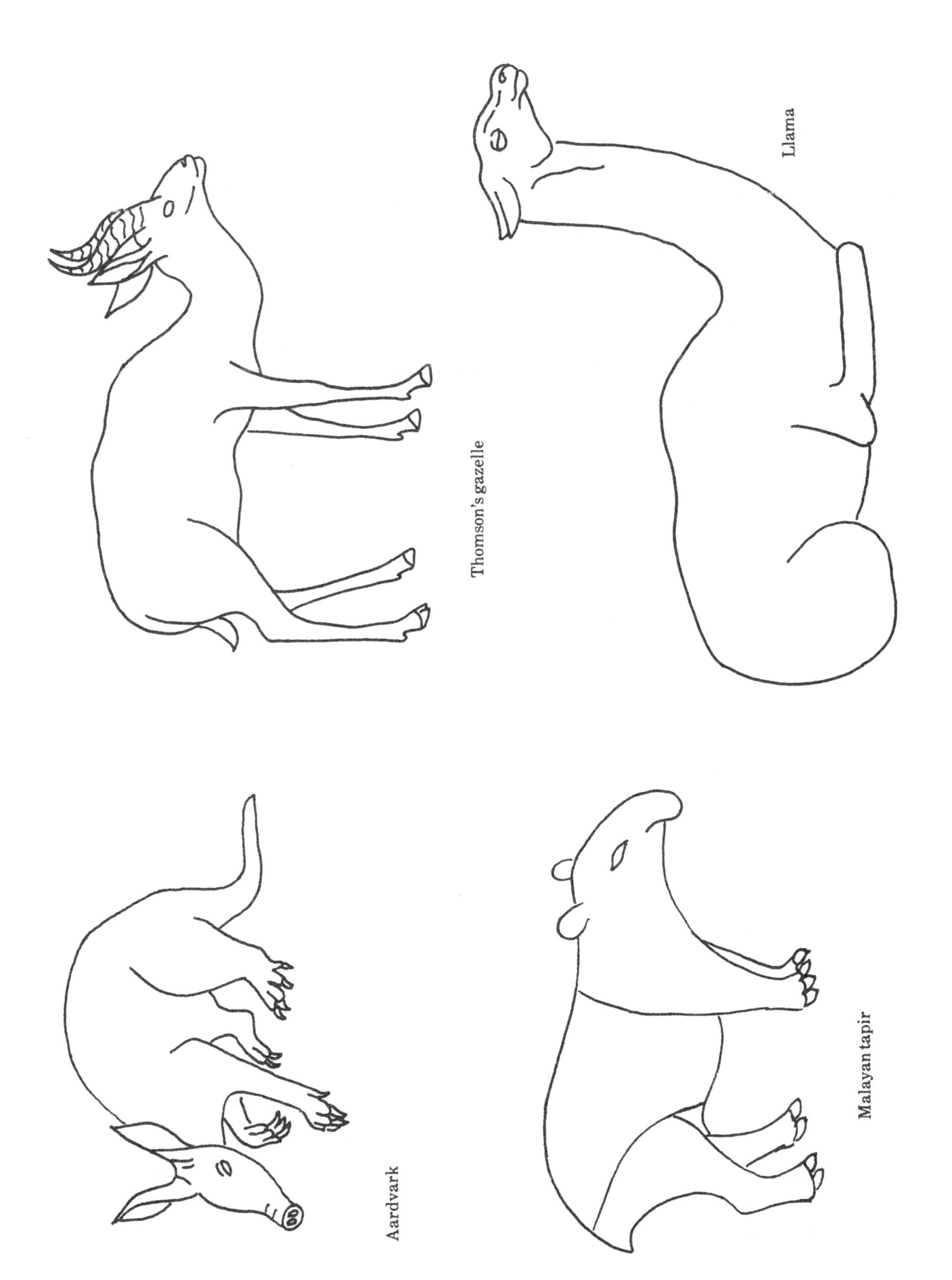

Llama

Aardvark

Malayan tapir

PLATE 5

PLATE 5

Llama

Thar or goat-gazelle

Malayan tapir

Wallaby

Deer

Dall sheep

Deer

PLATE 6

Grizzly bear

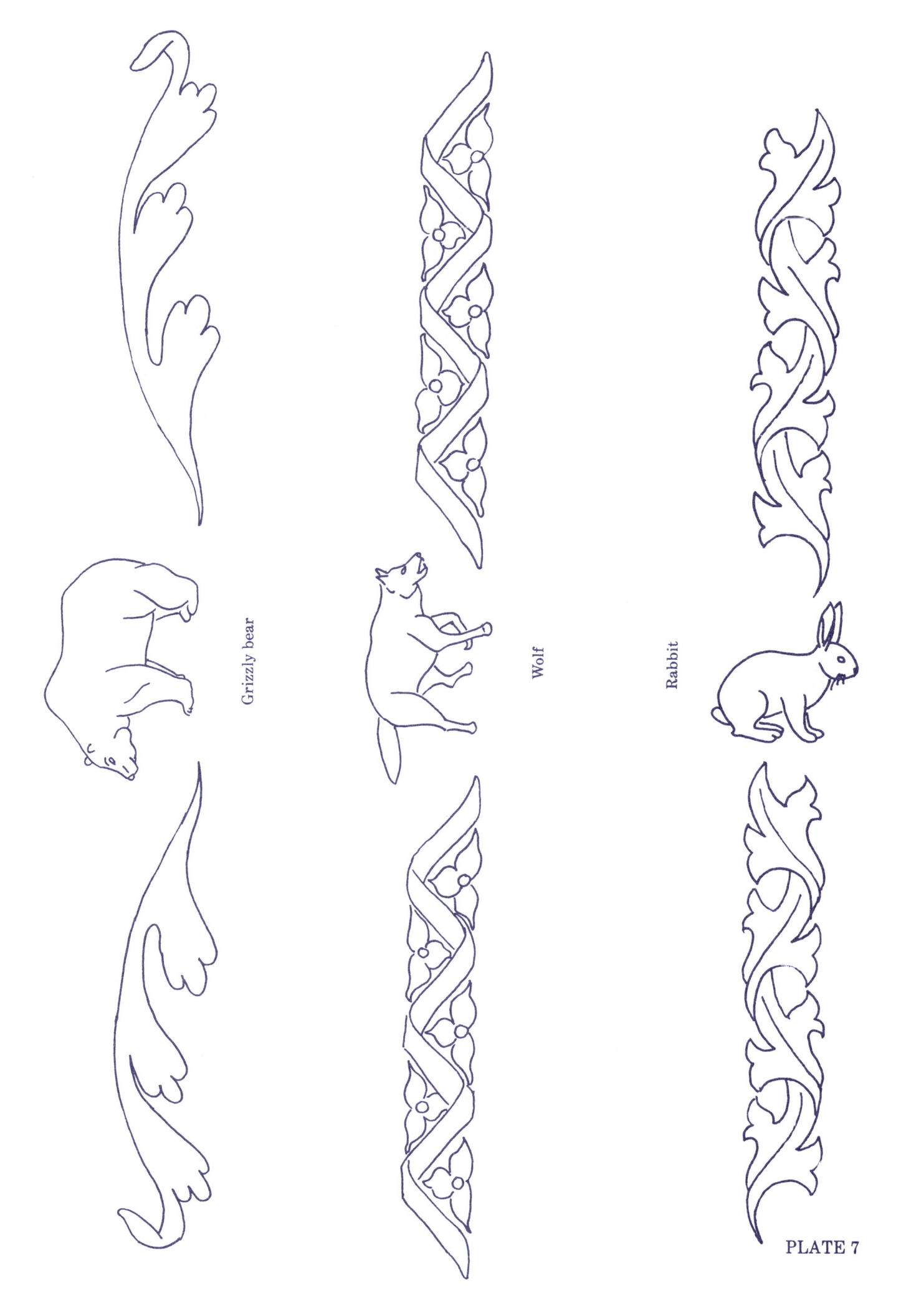

Wolf

Rabbit

PLATE 7

Rabbit

Rat

Red Deer

PLATE 7

PLATE 8

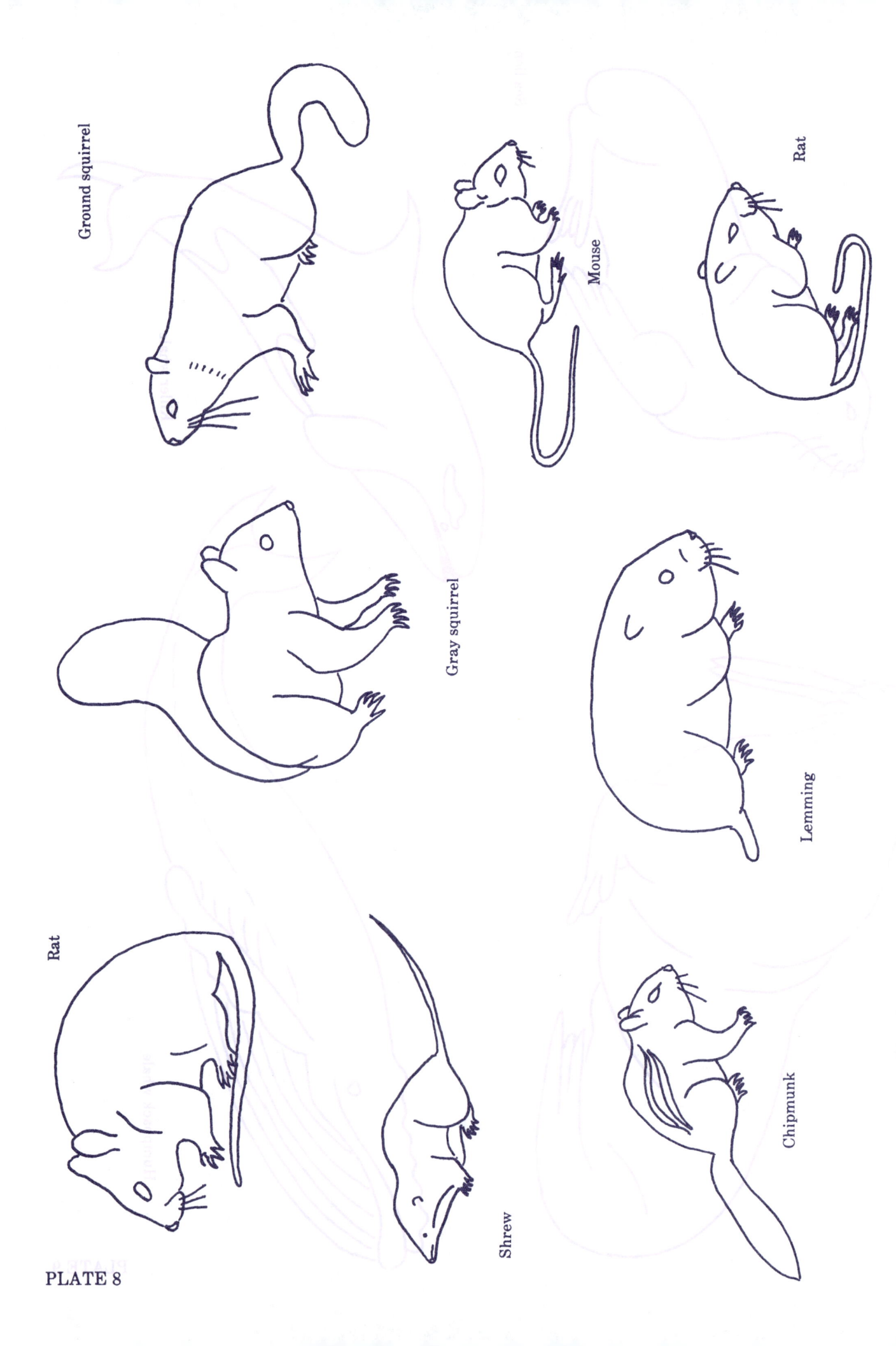

Sea lion

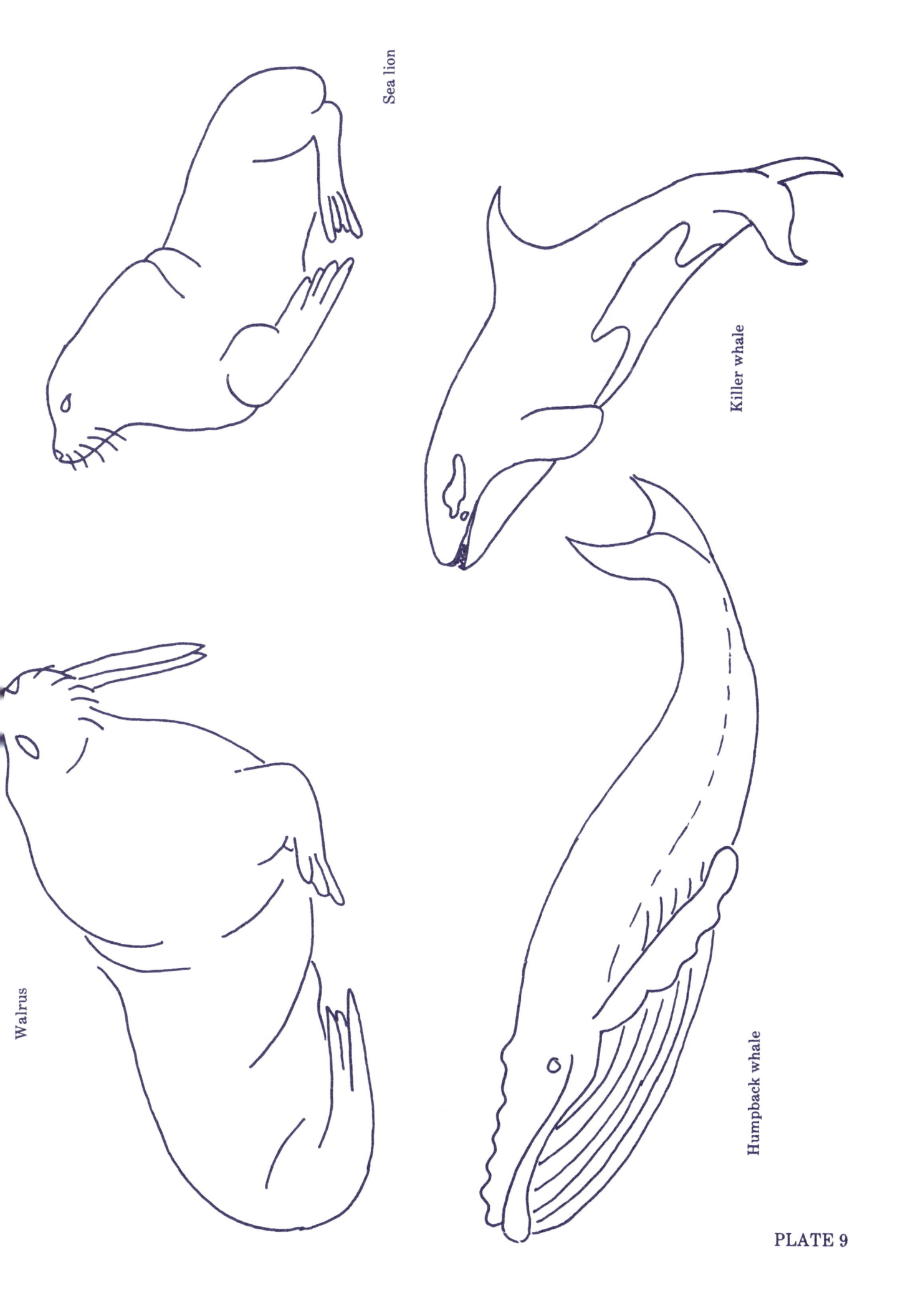

Killer whale

Walrus

Humpback whale

PLATE 9

PLATE 9

Humpback whale

Killer whale

Sea lion

Sea lion

Sea lion

Leopard

Elephant

Giraffe

PLATE 10

Squirrel

Squirrel

Rabbit

Chipmunk

PLATE 11

Beaver

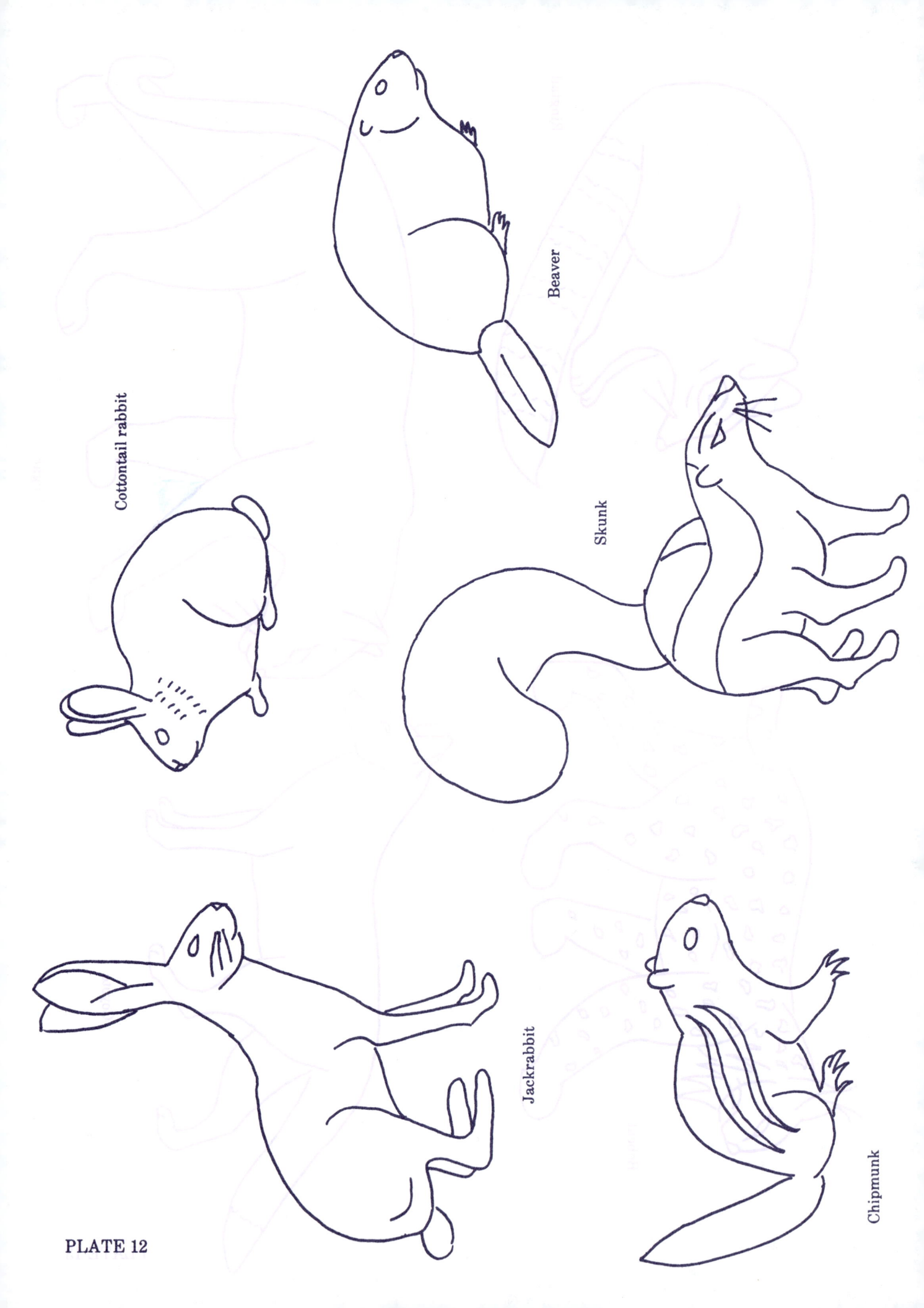

Cottontail rabbit

Skunk

Jackrabbit

Chipmunk

PLATE 12

Ringtail

Cougar

Bobcat

Coyote

PLATE 13

PLATE 13

Przewalski's horse

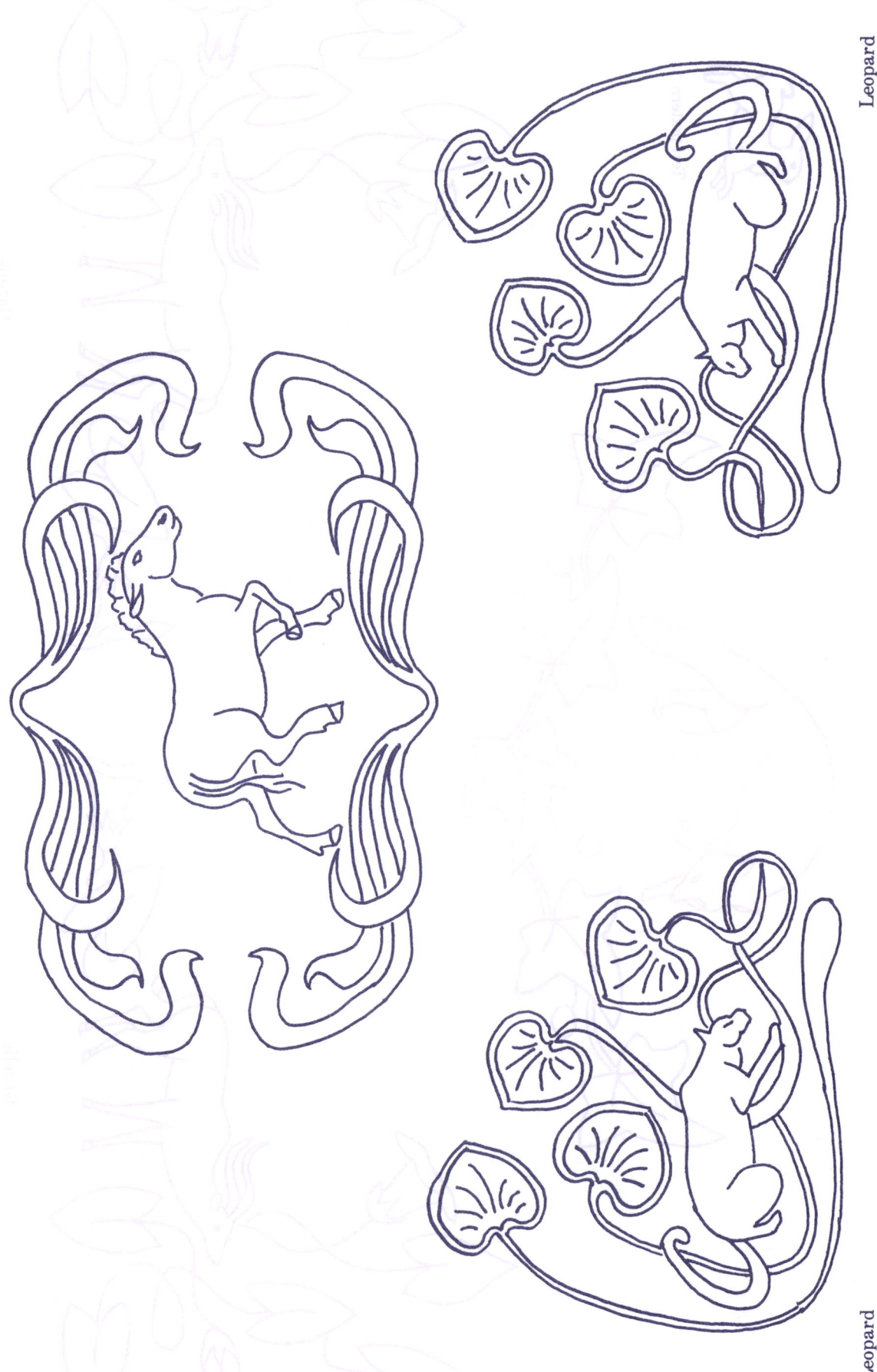

Leopard

Leopard

PLATE 14

Test pattern

Gazelle

Fox

Gazelle

PLATE 15

Koala

Wombat

Test pattern

Kangaroo

PLATE 16

Leopard

Zebra

Giraffe

PLATE 17

Leopard

Giraffe

Zebra

PLATE II

Fox

Mink

Wolf

Marmot

Gray squirrel

PLATE 18

Wild boar

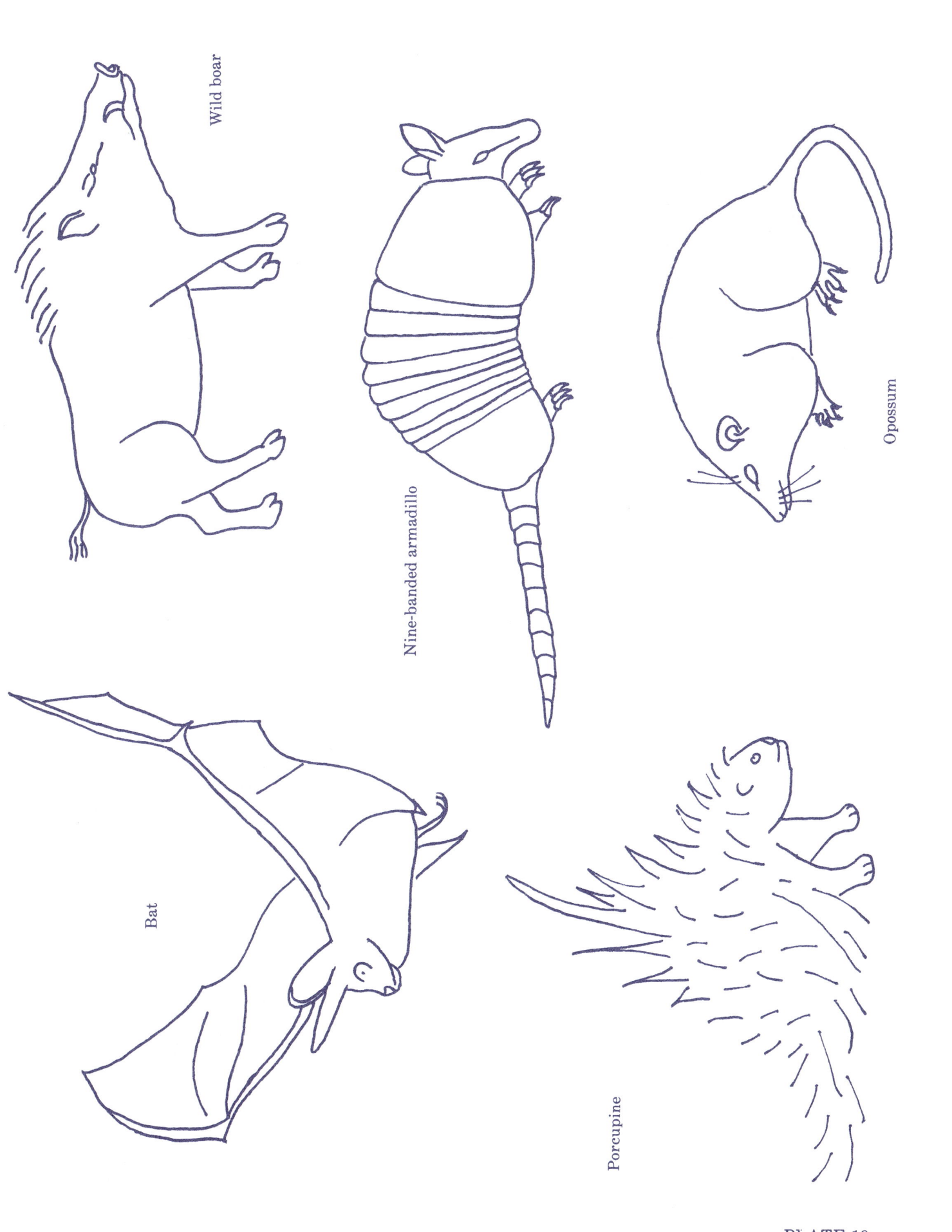

Nine-banded armadillo

Opossum

Bat

Porcupine

PLATE 19

Grizzly bear

Test pattern

Moose

PLATE 20

African elephant

PLATE 21

Bighorn

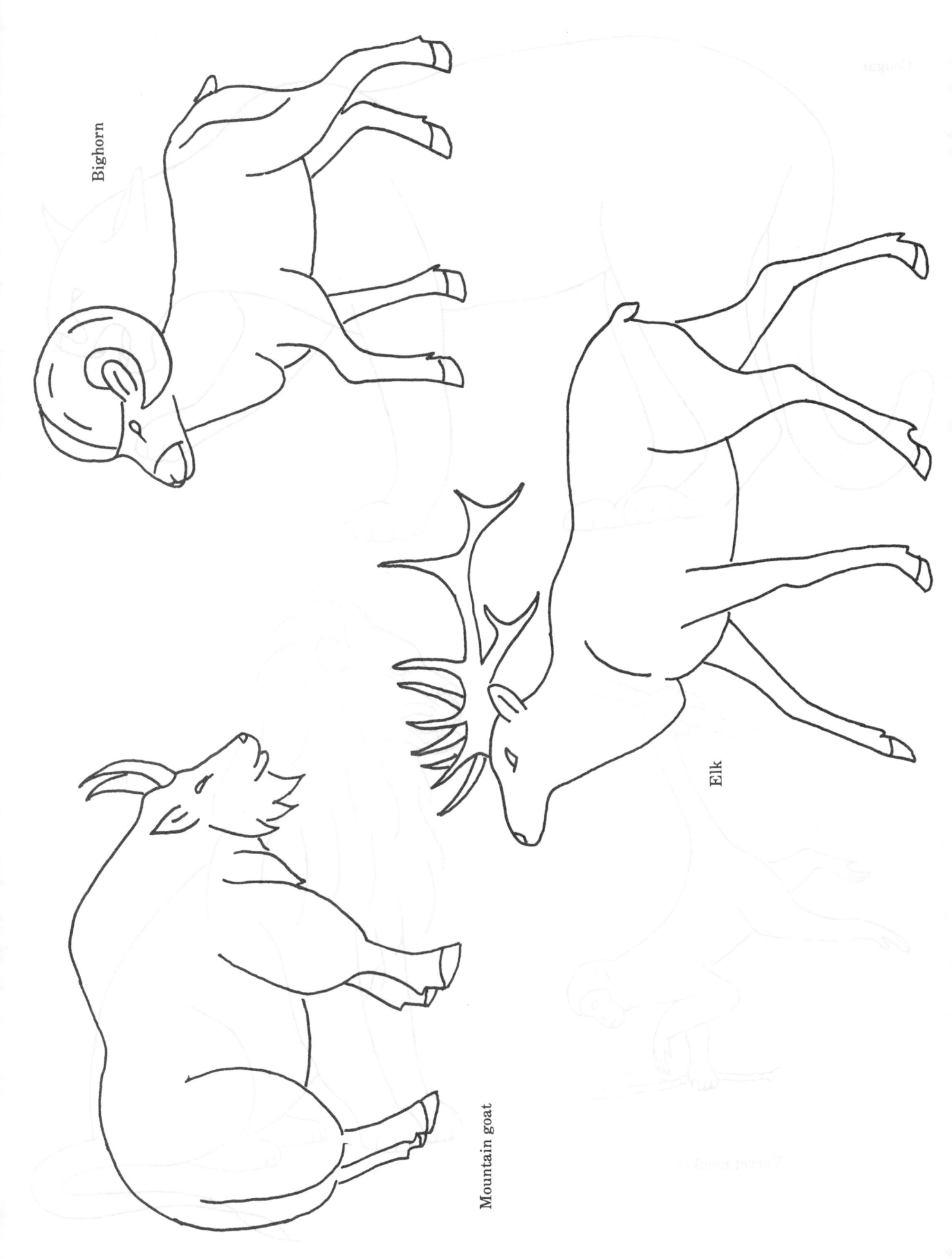

Elk

Mountain goat

PLATE 22

Cougar

Vervet monkey

Lion

PLATE 23

Cougar

Vervet monkey

PLATE 23

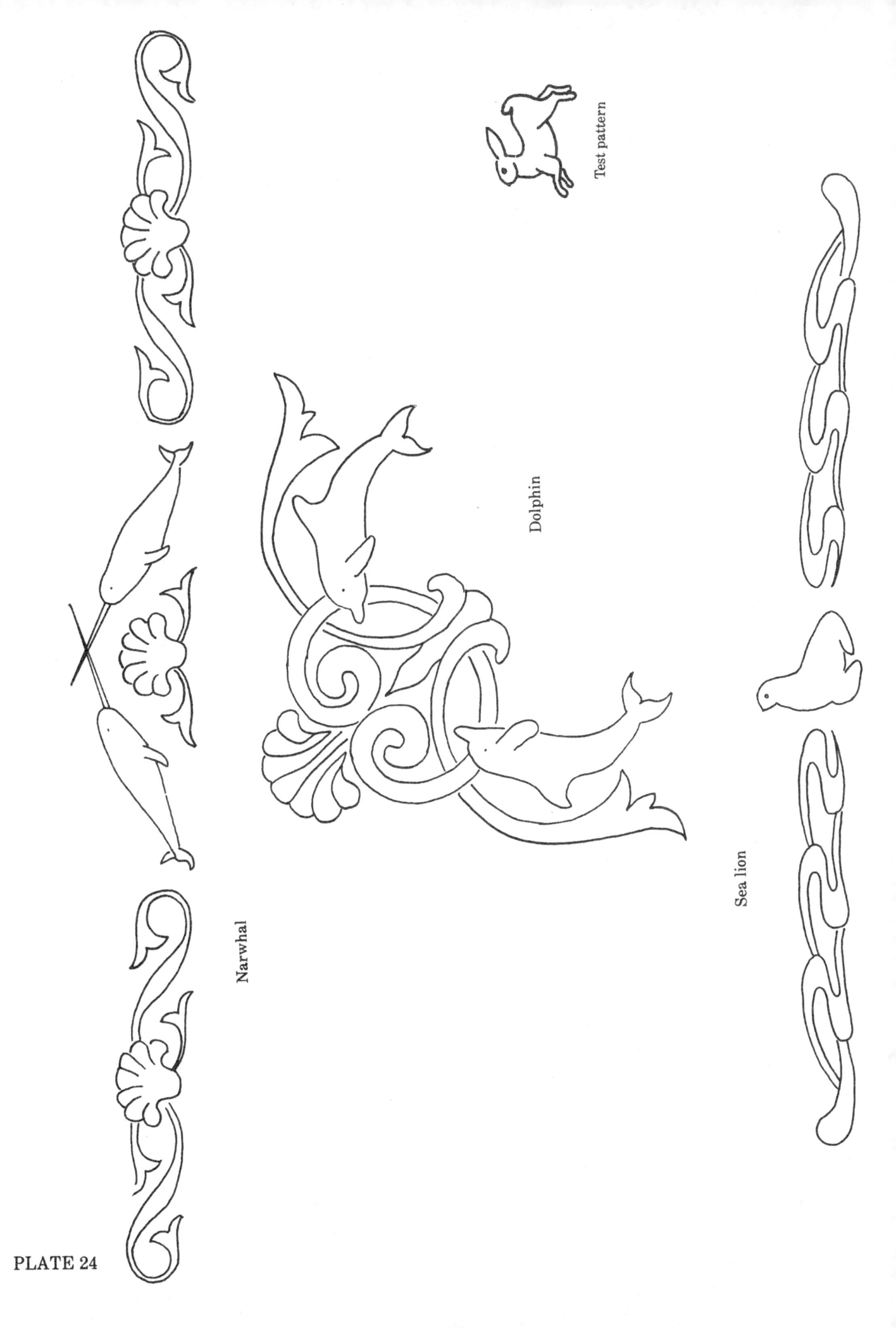

Test pattern

Dolphin

Narwhal

Sea lion

PLATE 24